Du bist ein Königskind

Der König ist mit dir! Er stärkt dich.
Er ist dein Schutz. Er hilft dir. Er gibt dir Mut.
Er umgibt dich liebevoll von allen Seiten.
Niemand kann dich aus seiner Nähe reißen.
Hab keine Angst. Das hat er versprochen. So achte darauf,
dass du in seiner Nähe bleibst. Dann wird's gut – alles.

RUTH HEIL

Lass
Gottes Liebe
für dich die
wärmende
Decke sein
in der Kälte der Welt.

RUTH HEIL

5726-02 · Foto: Getty Images / Almaje © Kawohl Verlag, 46485 Wesel
Textrechte: aus Ruth Heil, Geborgen in dir, Herr
© mediaKern GmbH 46485 Wesel

Mögest du immer neu erkennen,
dass über deinem Leben eine gute

Bestimmung

liegt.

Gott selbst rief dich ins Leben.
Jeder Atemzug soll dir ein Zeichen sein,
dass er dir lebendigen Odem einhauchte.

Mögest du immer neu begreifen,
wie wichtig es ist, dass du da bist
und dass es niemanden gibt wie dich.

RUTH HEIL

5726-03 · Foto: Getty Images / eugenyatamanenko
© Kawohl Verlag, 46485 Wesel · Textrechte: aus Ruth Heil,
Geliebter kleiner Schatz © mediaKern GmbH 46485 Wesel

Der Herr
gebe dir die **Kraft der Sonnenblume,**
als kleiner Kern an die Erde ausgeliefert.
Er geht auf, wächst der Sonne entgegen,
gibt nicht auf, hält Sturm und Regen stand.
Hundertfältig trägt er Frucht.

Die eigene Schönheit
der strahlenden Blume
ist längst vergangen.
Doch immer noch ernähren
sich die Vögel
von den Kernen.

RUTH HEIL

Lass aus dem Schmerz deines Lebens

eine Perle wachsen.

Auch das Schwere
muss dir zum Besten werden.

Gib deine Lebensmuschel
mit allem, was darin ist,
in die Hand Gottes.

Er kann verwandeln,
was dich zerstören will.

RUTH HEIL

5726-05 · Foto: Fotolia / Siluae ©Kawohl Verlag, 46485 Wesel

Textrechte: Ruth Heil

Segen

ist
ein
Geschenk
Gottes.
Man kann
ihn nicht
produzieren.

Öffne deine Hände
und dein Herz.
Lass dich damit
beschenken!

RUTH HEIL

Beuge dich hinunter zum kleinen Käfer.
Nimm dir Zeit, ihn zu betrachten,
auch wenn der ganze Garten
voller Unkraut steht.

Hab den Mut zur
Unvollkommenheit,
damit du

*Platz
für Freude*
gewinnst.
RUTH HEIL

Blick nicht zurück!

Schau nach vorne!
Übergib das schwere Gestern
in die Hand Gottes!
Blick dankbar zurück auf das Gute!

Dann fass' die Hand dessen,
der dein Gestern und dein Heute kennt –
und geh mutig
vorwärts
ins Morgen.

RUTH HEIL

5726-08 • Foto: Getty Images / eugenyatamanenko
© Kawohl Verlag, 46485 Wesel • Textrechte: aus Ruth Heil,
Sei glücklich © mediaKern GmbH 46485 Wesel

Grund zum Danken

Wer auf das Gute schaut,
wird immer einen Grund
zum Danken finden.
Und der Dankbare lebt leichter.

Das Schwere aber lässt sich
nicht einfach ignorieren.
Doch am Schweren kannst du
lernen durchzuhalten,
nicht aufzugeben
und nicht zu verzweifeln.

RUTH HEIL

5726-09 · Foto: Getty Images / petrenkod © Kawohl Verlag, 46485 Wesel
Textrechte: aus Ruth Heil, Geliebter kleiner Schatz
© mediaKern GmbH 46485 Wesel

Er sorgt für mich,

wenn alle Traurigkeiten
das Licht mir nehmen,
um den Weg zu sehen.
Er kennt ihn, und er wird mich führen,
um sicher Schritt für Schritt zu gehen.

Er sorgt für mich, wenn klein die Kraft
und groß die Schwachheit ist, und ich
nichts fühle. So ist er dennoch da und hilft,
mich zu erinnern an den Blick zum Ziele.

RUTH HEIL

Zeige mir einen zufriedenen Menschen.
Ich verrate dir sein Geheimnis:
Sein Lebensprinzip heißt Dankbarkeit.

Er wird von sich sagen:
Viele Wünsche gingen nicht in Erfüllung,
aber im Rückblick sehe ich,
wie ich vor manchem bewahrt wurde.

Und ich erkenne den goldenen Faden,
der mein Leben durchzieht.

Gott sei Dank!

RUTH HEIL

Unsere
Sehnsucht nach Harmonie

will den Preis vergessen, aus dem sie erwächst:
wie eine unförmige Raupe am Boden kriechen,
sich einspinnen in die Enge,
durch den engen Kokon zum Licht durchkämpfen.

Fliegen mit der Leichtigkeit des Falters heißt:
beginnen als Bodenpersonal.

RUTH HEIL

5726-12 • Foto: Getty Images / filmfoto ©Kawohl Verlag, 46485 Wesel
Textrechte: aus Ruth Heil, Spuren des Glücks ©mediaKern GmbH, Wesel

Du bist ausgesucht kostbar.

Und du hast eine Aufgabe in dieser Welt.

Nimm die Liebe an von dem, der dich schuf und gib sie weiter.

RUTH HEIL

Muscheln im Sand

Gesammelt, hingestreut, vergessen.
Scheinbar wertlos.

Doch beim genauen Hinsehen lauter Originale,
jedes liebevoll geformt und bemalt vom größten Künstler.
Du hast mir die Augen geöffnet für die unscheinbaren Kostbarkeiten,
die ich jetzt sogar manchmal entdecke in den Trümmern des Lebens.

RUTH HEIL

Gott sagt
dir heute zu: *Sei getrost!*

Ich weise dir den Weg.   Auch im dunklen Tal.
Du bist kostbar in meinen Augen
und ich habe dich lieb.

RUTH HEIL

Wenn Dinge dir gelingen, hetze nicht gleich weiter.
Setz dich nieder und freu dich am Ergebnis.

Nimm dir Zeit zur Freude.
Das ist wie eine

Vitaminkur

für die Seele.
Danach
hast du wieder
mehr Elan.
RUTH HEIL

5726-16 · Foto: Getty Images / Maryna Andriichenko
© Kawohl Verlag, 46485 Wesel · Textrechte: aus Ruth Heil,
Vitamin D wie Dankbarkeit © mediaKern GmbH 46485 Wesel

Auf deinem Leben liegt das Ja Gottes.
 Noch bevor deine Eltern an dich dachten,
 hat Gott dich gekannt.
Zärtlich berührte er dich und sprach:

Es werde!

Er wollte,
 dass du lebst.

RUTH HEIL

Gott stehe dir bei,

damit du Unabänderliches hinnehmen kannst,
ohne daran zu verzweifeln.
Möge er deine Hand halten, wenn dich Schweres trifft.

Möge er die Hoffnung in dir lebendig erhalten,
dass seine Hilfe nicht zu spät kommt.

RUTH HEIL

5726-18 • Foto: Getty Images / uvuita © Kawohl Verlag, 46485 Wesel
Textrechte: Ruth Heil

Du bist etwas Besonderes!

Das wollte ich dir
schon immer
einmal sagen.
Als Gott dich schuf,
legte er liebevoll
ein Stück von sich selbst
in dich hinein.
Er wollte,
dass du einmalig bist.

RUTH HEIL

Frieden für dein manchmal sturmgepeitschtes Herz.
Fröhlichkeit, unabhängig von den Lebensumständen.
Eine frische Brise für festgefahrene Gewohnheiten.

Freiheit von dem Zwang,
den andere dir auferlegen.

Trotz offener Fragen
Sicherheit am Herzen Gottes.

Fingerzeige auf dem Weg,
damit du weißt,
dass er noch richtig ist.

Festigkeit und Durchhaltevermögen,
wenn es um Bleibendes geht.

Fantasie, wenn du anderen
Freude bereiten kannst.

RUTH HEIL

Das
wünsche
ich dir

Möge Gott dir die Kraft geben,
in Traurigkeit getrost zu sein,
auch in kleinen
Freuden

ein Lachen

hervorzubringen –
und immer etwas zu finden,
wofür du danken kannst –
und allezeit deinem Gott
zu vertrauen.

RUTH HEIL

Vergiss nicht, Gott zu danken.

Erinnere deine Seele daran,
  wie oft er dir schon geholfen hat.
Schau das Gute immer wieder an
  und halte dir vor Augen:
Der dir damals half,
  er ist auch heute noch derselbe.

RUTH HEIL

Möge das Vertrauen in dir wachsen,
dass Gott es gut mit dir meint.

Nimm ihn
mit bei deiner *Lebensreise.*

Dann wird er dich sicher
nach Hause bringen.

RUTH HEIL

5726-23 · Foto: Getty Images / Halfpoint © Kawohl Verlag, 46485 Wesel
Textrechte: aus Ruth Heil, Geliebter kleiner Schatz
© mediaKern GmbH 46485 Wesel

Zeichne in den Sand
deines Lebens ein Herz.
Schreibe dazu: Dennoch,
Gott bleibe ich bei dir.
Du zeigst mir den Weg,
den ich gehen soll.

Egal, was passiert:
Du bist mein und *ich bin dein.*
RUTH HEIL

5726-24 · Foto: Getty Images / rclassenlayouts © Kawohl Verlag, 46485 Wesel
Textrechte: aus Ruth Heil, Weil du so wertvoll bist
© mediaKern GmbH 46485 Wesel